女将さんありがとう

旧伊豆山蓬莱
おかみさんへのラブレター

重松 恵里子

東京図書出版

はじめに

この宿は、伊豆山のすそ野に建ち、緑溢れる大樹が、神聖なエネルギーを放っている。

幹ごしに青い海が広がり、初島のシルエットが、海に風情をそえる。

ここは海と山裾の大自然を眼下に持ち、文化人に愛された宿として有名だ。

それは、この宿の海と山が織り成す神々しさ。

それを引き立てる数寄屋造りの簡潔美。

控えめでいて、粋なしつらえ。
心を込めて作られた食事の根元的な美味しさ。
食事を引き立てる器。
四季の移ろいを感じさせてくれる生け花。
和の中に織り込まれた新しさやモダンさ。
どれを取っても、風流で心に染みてくるのである。
それ故、文化人に愛されたのだと思う。

しかしそれ以上にすばらしいところは、この大自然の景観に、女将さんのしつらえが加わることで、宿の自然が、よりすばらしいものとして感じられるところにあった。
それは自然を引き立てるために、その声を聞くかのごとく、出すぎず控えめすぎない僅かな感覚の間を摑み、そこをはずすことなく、大自然を生かす粋でお洒落なしつらえを、ほどこしたからだと思う。

その卓越した美意識は、ワクワクする喜びをもたらしてくれ、それが、大自然がもたらす感動に混ざりあい、私の魂を揺さぶり、活性化してくれたのである。

その感動の数々を綴りたい。

女将さんありがとう　目次

第二章

第一章

旧伊豆山蓬莱

玄　関

水打ちされたゆるやかな坂道を下ると、ほのかな明かりに照らされた数寄屋造りの玄関が見えてくる。

しっとりとした情感を味わいながら中に入ると、静寂さの中に現れる正面の金屏風。

その程良い大きさが、空間に落ち着きと心地良い緊張感を与えてくれる。

その下に生けられたお花は、きりっとした存在感を醸し、屏風とのバランスを取っている。

立ち上がって、左手のロビーに向かおうとすると、すらりとして背の高い花器に生けられた、たおやかで気品のある百合の花が出迎えてくれる。

正面だけでなく、立ち上がって行こうとする方向にも重ねて迎えてくれるお花は、女将さんの心からのもてなしを、感じさせてくれる。

この瞬間、宿を訪れた喜びが込み上げてくる。

この宿は数寄屋造りである。

虚飾を排した簡潔さがあり、そこに女将さんの研ぎ澄まされた美意識で選び抜かれた物が、的を射て飾られている。

そして心を込めた掃除によって、美しい緊張感が生まれている。

玄関に漂うこの雰囲気は、いつ訪れても私に、現代人が忘れかけている襟を正したくなる気持ちを、思い起こさせてくれるのである。

お花

部屋に入るとまず、床の間のお花が目に入る。
野の花が自然に咲いているような風情があり、やわらかな生け方が心を和ませる。
窓の外を見ると、伊豆山の斜面に樹木が広がる。
その向こうには、青い海が静かに波打っている。

この大自然に感動した後、床の間をもう一度見て寛ぐ。

掛け軸も花器も逸品であっても、さり気なさとモダンさが漂う。

そこに生けられた水色の桔梗は、季節の移ろいを感じさせるもので、大地から切り取られた後、もう一度部屋の中で命を輝かせている。

そんな風情がある。


大木は、空に向かって真っ直ぐ伸びるが、途中、枝分かれすると、そこからは雨風を受けながら、太陽や水に向かって伸びようとする。

そのため曲線を描きながら伸びてゆく。

女将さんの生けるお花は、曲線を大切にして生けられているものが多いため、外の自然を見た後に味わうと、滑らかに感覚に入ってくる。

このやわらかで命輝くお花によって整えられた部屋の空気は、外の自然との境界線を外し、心地良く溶け合ってゆく。

それによって、この宿を訪れた人は、自然との一体感を味わえ、感動はより深く広いものになってゆく。

走り湯

遠くに海を臨み、伊豆山の森を抜け、こごい坂を下ると走り湯に着く。
簡素で趣のある引き戸を開けると、檜木の丸太で骨組みされた走り湯が現れる。
古木が渋みを醸し、歴史を感じさせる。
天井に吊り下げられたはだか電球の明かりが、暖かな情感で辺りを包む。

柔らかな湯船に浸かると、目の前に大海原が広がる。

右手を見ると、生命力溢れる大樹が、何かを語りかけてくるような強いエネルギーを出している。

左手には、松が顔を出し、沖には初島が浮かぶ。

日本の原風景のようなこの景色は、昔も今も何一つ変わらないのだろう。

そんな思いに浸りながら、日本三大古泉である走り湯に入る喜びを、噛みしめる。

振り返ると、鮑の貝殻に載った丸い石鹸が、目に入る。

貝殻と、白く丸い石鹸の組み合わせが、はっとするほど斬新でいて、調和している。

鮑の貝殻という自然そのものを取り入れた演出が、外の景色につながり、海との一体感を味わえる。

その横には、シックでお洒落なアメニティ。

フランス製のカトリーヌ・メミのもので、ラベルも香りも楚々としたところがあるため、相反する和のテイストである走り湯にも調和している。


斬新な組み合わせや、相反する組み合わせが調和した時、人は初めて味わう感覚に、感性の幅を深く広げられ、はっとして、感動するものだと思う。

この調和こそが、おかみさんの卓越した感性によって生まれるものだと思う。

古々比の瀧

楠木が、階段の踊り場から天井を突き抜ける。

その御神木の根元を眺めながら、階段を下りてゆくと、古々比の瀧に着く。

白い障子を開けると、木枠の付いた大きなガラス戸の向こうに、緑の木々と青い海が広がる。

湯船につかると、水面に映る大樹の緑。

右手を見ると、ガラスの仕切り戸に、女将さんによって描かれた白いヨットの絵。

風が流れてゆくような描き方がお洒落で、気持ちがワクワクしてくる。

その向こうには、湯上がりに座るモダンな丸い籐の椅子。

洗面台に置かれた籐の籠。

白壁を背に飾られたピンクのフリージア。

これらのアジアンテイストに、緑の木々、海、白いヨットの絵、ガラス張りの透明感がみごとに溶け込み、明るく洗練された雰囲気が生まれていた。


私が初めてこのお風呂に入った時、その明るい透明感に驚いた。

シンプルでいてモダンさもある。

海と樹木を存分に取り入れた、開放的な造りになっているため、自然との一体感を味わえる。

それだけではなく、白い障子やガラス戸の木枠が心を和ませ、和の宿にみごとに調和していた。

古い走り湯とも、引き立て合い、この宿にとって新鮮なアクセントにもなっていた。


このお風呂の設計者、隈研吾の感性もすばらしいが、古々比の瀧のモダンな開放感を生かし、洗練させ、感動的にしたのは、やはり女将さんのしつらえであった。

ディテールが作り出す女将さんの世界

女将さんが選ぶ調度品には、細部にまで気を使って出来ている物だからこそ生まれる、心安らぐ雰囲気がある。


たとえば、麻の座布団。

トーンが落ちた白の自然な色味と、柔らかな質感に、たおやかな品が漂い、心が和んでゆく。

座敷に置かれた座卓。

滑らかで、心地良い手触りが、見ただけで感じ取れ、ほっとした

気持ちになる。

　広縁に置いてある一対の籐の椅子。

　曲線を帯びたシルエットで、見ても手を触れても、その丸みが心を和ませる。

　椅子の間には、鼓に似た丸テーブルがある。

　赤茶色で、骨董を思わせる渋い輝きを放ち、その重厚さに、気持ちまで落ち着いてゆく。

　上に吊り下げられた明かりは、レトロな香りのする白い半円形の傘に包まれていて、懐かしい気持ちにさせてくれる。

　それらすべてが、窓の外に広がる海と森の景色と一つになって、心安らぐ夏の情緒が生まれている。

ディテールとは、全体の質や存在感を支える細部のことを言うが、「神は細部に宿る」と言う美術史家がいるくらい、ディテールとその統一によって生まれる調和には、作品や空間の本質を決める力があるのだと思う。

ここは、女将さん好みの物でまとめられた宿であると共に、一つ一つの調度品の、見ても、手を触れても、やわらかで心地良いディテールにこだわり、選び抜いた物で統一させ、調和が生まれている宿でもある。

その両方が伴っているからこそ、粋で風流な味わいと共に、感覚にそっと入り込んで来るような、心安らぐ雰囲気も、同時に味わうことが出来るのだと思う。

これこそが、さり気なく見えるが、女将さんがディテールに徹底的にこだわって作り出した世界の、本質だと思う。

夕暮れの幸せな時間

特別室から見える楠木の梢は、柔らかな円を描き、緑の額を作り出している。

その中に、海を背にした伊豆半島が見える。

遠くには薄いブルーグレー、近くには濃いブルーグレーの半島が、折り重なって収まっている。

夕暮れになると、遠くの半島は空に溶け出し、近くの半島はくっきりと浮かび上がり、濃淡のあるシルエットを作り出す。

それは、自然が作った額に収まる美しい墨絵のようだ。

やがて半島のすそ野に明かりが灯り、眼下の海岸線を走る車のランプが、暮れゆく風景に、動く情感を添える。

室の明かりは、窓に映り、木々の中にランプが灯ったかのような幻想美を作り出す。

次第に、樹木は濃紺の空と海に溶け出し、夜は更けてゆく。


和室の場合、座卓の幅の広い方を、床の間側に配置することが多い。

しかしそれでは、顔を横に向けて窓の景色を見ることになる。

そのため、正面から迫ってくる海や樹木のダイナミックな光景は、味わえない。

景色が、正面に見えるように座卓を配置しているから、光ある世界から光のない世界へ移ってゆく過程、その移りゆく美しさを、丁寧に、感動しながら過ごせるのだ。

旅に求めるものが魂の感動であるならば、形式を超えた方がいい場合もある。

この風景を正面から味わえるように座卓を置いてくれたのは、女将さんだ。

何よりもすばらしい景色を味わってもらいたいという、気持ちなのだと思う。

この柔軟で、奥行きのある心遣いがあるからこそ、食事をしながら、夕暮れの幸せな時間を過ごすことが出来るのだと思う。

宿での感動をすばらしいものにしてくれる、女将さんからのプレゼントなのかもしれない。

季節の敷紙

座卓の上に置かれた水色の和紙。

銀色の墨で、季節の言葉が流れるように書かれている。

夕食時に、「蟬しぐれ」「霜月」などの時節の言葉が書かれた、女将さん手書きの敷紙が用意されているのは、風流でいいものだと思う。

流れゆく書体に風を感じ、銀色と水色の配色に、華やかでいて控えめな品を感じ、一回り大きな和紙に、豊かさを感じる。

食事を始める時間が、季節を実感する、ゆっくりとした時に変わる。

一輪のお花を室に飾ることで、周りの空気がぴんと澄んだものに変わることがある。

女将さん手書きの敷紙が用意されることで、食事を始めようとする時の流れと、それを包み込む空気が、ゆるやかで澄み切ったものになってゆく。

その空気の中で、感覚は研ぎ澄まされてゆき、旬の味が持つ理屈を超えた美味しさや、器、盛り付けまでも楽しめるようになってゆく。

食事というのは、五感を研ぎ澄ませ、器や、盛り付けを楽しみ、季節の命の息吹や、香りを感じ取ってゆく、真剣でいて、喜びに満ちた時間なのだということを、女将さん手書きの敷紙は、感じさせてくれる。

バカラのアンティーク皿

大きなお皿に綺麗に盛り付けられたお刺身。

その取り皿に、レースのように繊細なガラスの小皿が出た。

渋みのある風合いが、アンティークを思わせる雰囲気で、お刺身を置くと綺麗だった。

思わず仲居さんに、「これはアンティークですか」と尋ねると、「バカラのアンティークです」と答えが返って来た。

お刺身の取り皿に、バカラのアンティークとは、なんて斬新で、モダンなのだろう。

その初めて見るお洒落な発想に、心がワクワクした。

今まで見たことのない物や、初めて見る組み合わせに、ワクワクして感動すると、脳内物質であるドーパミン（意欲・嬉しさをもたらす物質）が出て、脳が活性化するということを、聞いたことがある。

初めて見る物の斬新さが、的を射て人の心に染み込んでゆく時、その感動は、人の魂をワクワクさせ、ひいては、脳を活性化させるすばらしいものになるのだと思う。

女将さんの、心から訪れる人を喜ばせたいという思いから生まれるモダンな斬新さは、日本の四季や文化を伝えてくれるしつらえの中にちりばめられていて、訪れる人の心、ひいては脳まで元気にしてくれるものになっているのだと思う。

右近の間から愛でる月

右近の間の広縁から見る仲秋の名月は、静かな輝きをたたえている。

月が海にはかなげな光を落とし、辺りにほのかな明るさを作り出している。

水面を輝かせる月には、人の心に染みる情感がある。

月を愛でた後、女将さんが生けた野の花や、さり気ない掛け軸によってしつらえられた数寄屋造りの部屋に戻ると、その余韻がいつまでも残ってゆく。

桂離宮の古書院には、池に向かって張り出した月見台が設けられている。

その向きは、建てられた元和元年頃の仲秋の名月にあわせて、作られているという。

池に映る月が、一番美しく見えることを考えぬいて建てられたのだろう。

そこまでして昔の人が月を愛でて楽しもうとしたのは、月が人にうったえてくる情感や、水に映る月の神秘的な美しさにあるのかもしれない。

桂離宮が、月を愛でるために、池と月と日本建築を融合させて作られたものであるならば、この宿も、月見のために建てられたかのような水と月と建物との調和がある。

右近の間で見た月の静謐な輝きといつまでも残る余韻を、その後味わったことがない。

仲秋の名月は、静かな海を前にした右近の間から、女将さんのしつらえと共に愛でたいものである。

普通であって最高に美味しい朝食

広縁の開き戸を開けると、鳥の鳴き声と波の音が聞こえる。海と森の風が吹き、すがすがしい朝食の時間が始まる。

目の前には、鯵の干物、だし巻き卵、アサリの味噌汁、イカの塩辛、焼き海苔などが並び、ほかほかのご飯が用意してあった。皮はパリッとして中はふっくらとした焼き加減の、ひらき。だしの優しさと、玉子の柔らかさが、口の中でほんわりと広がってゆくだし巻き。大きなアサリのふっくらとした柔らかさと、アサリのだしの美味しさが、心にまで染みてくるお味噌汁。

お米の研ぎ方、水加減、浸す時間、火加減などに心を込めて炊き上がった、弾力と柔らかさが絶妙なご飯。

そのどれもが、作り手の心を込めた思いが伝わって来るようで、本当に美味しかった。


以前、この宿を訪れた時、朝食時に廊下を歩いていると、熱を通したアサリだけが入ったお椀が、部屋に運ばれていくのを目にしたことがある。

客に出す寸前に、アサリでだしを取った熱いお味噌汁を入れるためと、アサリが硬くならないようにとの、心遣いだと思った。

海と山の、食の恵みが持つエネルギーに、素材の味を引き出し、心を込めて作り上げようとする作り手の心のエネルギーが一体になった時、普通でありながら最高に美味しい食事になるのだということを、この宿の朝食は教えてくれた。

海と森から吹く風

右近の間に入り、窓を開けると、眼下には、静寂と共に広がる大樹の数々。
勢いのある緑は、美しい谷間を作り、その先には青い海が見える。
この宿は、伊豆山の斜面に建っているので、樹木の茂みを上から眺めることが出来る。
こんもりと茂る緑をのせた大樹の梢は、四方に伸びている。
その幾重にも重なり広がった大木の頭上を、上から見ると、樹木

が上に向かって伸びようとするエネルギーが醸す、力強い精気を、感じ取ることが出来る。

そこに、他の大木も枝を張り巡らせ、草木も交じり合うことで、緑がリフレインされ、深みのある森の雰囲気が生まれている。

ある夏の日、この宿を訪れた時、女将さんが教えてくれた通り、クーラーをつけたまま窓を開けて過ごしてみた。

海風が、森の香りを乗せて、こちらまで吹いて来る。深呼吸をすると、緑の清らかな匂いが体の中に入って来て、森には、木々が放つフィトンチッドという、香りの浄化作用があるのを感じ取ることが出来る。

そして、この浄化作用を持つ森の精気が、神聖な静寂さを生み出しているのであろうということにも気づいてゆく。

海風が運ぶ、すがすがしい森の精気と、静寂さを味わいながら過ごしていると、体の輪郭が、大自然に溶けてゆくような寛ぎと共に、大地に根を張っているような安定感も、味わうことが出来る。

夏にこの宿を訪れて味わう、大自然と向き合い、ひとつになるような安定感のある寛ぎを、女将さんは教えてくれた。

光り輝く女将さんのおじぎ

宿に泊まった、次の日の朝、帰り支度をして玄関を出ると、女将さんが見送りに出てくれていた。

滞在中の感動を述べた後、車に乗り、動き出すと、女将さんが丁寧なおじぎをしてくれた。

私はその美しさに、言葉を失った。

背筋をピンと伸ばした佇まいから、ゆるやかに腰を折り、頭を下げてゆく。

そのしなやかでいて、勢いのある流れは、はっとする程美しく、
深い気持ちが込められている感じがした。
そしてその気持ちが、頭を下げた女将さんの全身からにじみ出て、
光が溢れて見えるかのようだった。

人が、他の人に喜んでもらおうと心を尽くす。
それが相手に伝わり、心から喜んでもらえた時、魂から深い喜び
が、溢れることがある。
その喜びは、自分の中の神性につながる愛に溢れるものなので、
温かく、柔らかな波動となって、全身の細胞をめぐってゆく。
それが見る人からは、体から光を放っているかのように、感じら
れるのではないかと思う。

あの日の女将さんのおじきの輝きは、このような精神性から生まれているのではないかと思う。

おじぎは、心を込め、そこに崇高な精神性が伴うと、光り輝くような美しさになる。

そう思った初めての経験だった。

宿の玄関は結界である

私が『女将さんありがとう』を書こうと思ったのは、以前、雑誌で「宿の玄関は結界（俗世界と神聖な世界を区切るもの）である」という女将さんの言葉が載っているのを、読んだ時である。

この瞬間、私は自分がこの宿をこよなく愛する理由が分かり、書きたい気持ちが、込み上げて来た。

この宿は、伊豆山神社のすそ野にあり、太古、この神社の広大な境内に続く、神域であったのではないかということを、眼下の海、風、木々のそよぎが織り成す静寂が、感じさせてくれます。

そして宿の中に漂う、襟を正したくなる雰囲気。

自然を生かし、四季の移ろいを感じさせてくれる粋なしつらえ。

年月を重ねた樹木が醸す、神々しいエネルギー。

どれを取っても、この宿は、ただ寛ぐのではなく、五感を研ぎ澄まして、大自然の感動を真剣に受けとめてゆきたい、そして、自然と一体化した穏やかな寛ぎに、到達してゆきたい、という気持ちにさせてくれるところがあり、そこが、この宿を私がこよなく愛する所以なのです。


結界とは、神社の鳥居もそうであるように、人間は、誰もが、神性を持っていて、人がその事に気づき、そこに繋がってゆきたいと思い始める入り口、もしくは、きっかけと言えるのではないかと思います。

女将さんは、この宿の自然を心から愛し、敬い、そのすばらしさを、訪れる人々にしっかり味わってもらいたいという気持ちがあったのではないかと思います。

同時に、訪れる人々が宿の自然を通して、それぞれの神性に繋がり、心を見つめながら、整えていってほしいという思いも、あったのではないかと思います。

そういう気持ちを、「宿の玄関は結界である」という言葉に表したのではないかという気がします。

このような気持ちで、訪れた人々を迎え入れようとしてくれた、女将さんの真剣で気高い思いに、心からありがとうと言いたいのです。

VILLA DEL SOL

第二章　ヴィラ・デル・ソル

洋館ヴィラ・デル・ソル

旧伊豆山蓬莱の敷地に立つ、洋館ヴィラ・デル・ソル。

緑の木立に囲まれ、海岸線に沿うように建つ、白い瀟洒な建物だ。

この洋館は、明治32（１８９９）年、紀州徳川家15代当主頼倫が、西洋式図書館として建てたもので、現在フレンチのオーベルジュになっている。

玄関扉の上には、VILLA DEL SOLの文字が入ったステンドグラスが、はめ込まれている。

扉を開けると、白い天井は優しい曲線を描き、右手には、「南葵文庫」と書かれた歴史を感じさせる額が、飾られている。

この洋館を建てた徳川頼倫が書いた物である（複製）。

この名は、旧紀州藩領地である南紀の南と、徳川の家紋である葵から取ったもので、呼び方は南紀と同じにして、当時この洋館は、南葵文庫（なんきぶんこ）と呼ばれていたのである。

この額の下には、アンティークのコンソールテーブルが置いてある。

その上にはガラスの大きな花器。

フサフサと葉を付けた長い枝が生けられていて、それが額まで届き、渋さの中に楚々とした趣が生まれている。

左右には、背もたれの装飾が美しいマホガニーの椅子が、一対置いてあり、ここには、和洋折衷のモダンでシックな雰囲気が漂っている。

左手には、扉に上品な飾りを纏ったガラスキャビネットが、置いてあり、中には、アールデコのグラスや、装飾がシンプルで品のあるアンティークグラスが、飾られている。

その横は、南葵文庫時代の応接室。

現在は、オーベルジュのレセプションとして使われている。

窓には、白いカーテンが掛かり、左右をタッセルで結ばれて、優雅な曲線を作り出している。

その向こうには、穏やかな光に包まれた緑の木々が見え、手前には、英国アンティークの重厚な机と椅子が置いてある。

クラシックなシェイドを付けたテーブルランプが、周りを照らし、イギリスの古き良き時代のムードを醸し出している。

机の下には、使い込まれ、重量感が増した、気品あるペルシャ絨毯が敷かれ、この部屋には、西洋の伝統的な威厳と落ち着きが漂っている。

調度品は、すべて女将さんが、イギリスで同時期のアンティークを選んで来た物である。

すべて本物が揃えられることで、イギリス１８９０年代の、格調ある雰囲気が、品格と共に漂っている。

この洋館は、紀州15代頼倫が、イギリスのケンブリッジ大学に留学中、西洋の一般に開かれた図書館制度に感銘を受け、明治32年、日本最初の西洋式図書館を、麻布の邸内に設立したものである。

頼倫は、14代将軍徳川家茂が亡くなる時、次期将軍と決められていた徳川家達の弟にあたる人物である。しかし、当時家達は幼かったため、慶喜が最後の15代将軍になった。

明治維新により徳川幕府は亡び、明治17年、頼倫は侯爵になったものの、政治的関わりは、薄れてしまったのである。

次期将軍の弟であったという、誇り故の喪失感の中から、紀州家の大切な書物を一般に公開して、日本の文化的発展や、精神性の向上のために役に立ちたいと考えたのではないかと思われる。

また、イギリス留学の時に、英国ヴィクトリアンの生活様式を見聞したため、普通の図書館というよりは、英国の住宅を思わせる瀟洒な西洋式図書館を建てたいと思ったのではないかと思う。

当時、この南葵文庫を利用した島崎藤村は、「高価なシャンデリアや調度品などは、読書の妨げとはならず、むしろ室内全体が一体となって精神を集中できる室内を作っていた」と書いている。

それくらいこの建物の中には、西洋の文化的雰囲気が、落ち着きと共に漂っていたのだと思う。

昭和8年になると頼倫の息子、16代頼貞の別荘として、大磯へ移築された。

この時、この建物は、「南葵文庫」から変わって、新しくヴィラ・デル・ソル（太陽の館）と名付けられた。

昭和50年代になって、伊豆山蓬莱の女将さんが、この建物の老朽化による取り壊しを知り、由緒ある建物が失われるのを惜しみ、旅館の別館として熱海伊豆山へ移築。

建物はもとより、シャンデリア・壁紙・ドアの金具に至るまで、可能な限り明治時代の姿まで復元することが目指された。平成20（２００８）年、国の有形文化財に登録されている。

英国ヴィクトリアンサロン

ヴィラ・デル・ソルの玄関を入ると、右手は、ロビーとして使われている二間続くサロンになる。

南葵文庫時代、書物の閲覧室として使われていた室だ。

まず目に入るのは、ピンクの花柄が鮮明なヴィクトリアンソファー。

パールグリーンのベルベット地の椅子。

焦げ茶と、グリーンを主とした落ち着いたインテリアの中に、英

国アンティークの花柄ソファーが入ることで、このサロンに、明るく華やかなムードが生まれている。

中央には、天板の縁取りが繊細で、脚の曲線がエレガントなテーブルが置いてある。

入って右手には、真っ白な石で出来た暖炉。

両サイドには、細やかな彫刻が施されている。

上には、白いカサブランカをたっぷりあしらったオーバルアレンジが飾られ、サロンに優雅で生き生きとした美しさを運んでいる。

天井は、モダンに仕切られた檜格縁造りだ。

仕切るための板に、幾重にも段がつけられて立体感が生まれることで、その板が作り出す縁取りのラインが強調され、格調高いものになっている。

中央には、植物の葉をモチーフにした木の彫刻が施されていて、モダンで優雅な装飾天井になっている。

壁には、マチスのリトグラフが飾ってある。

どれもが、お花、女性、天使、シャンソンなどを題材にしていて、華やかさ、美しさ、生きる喜びなどが、作品を通して伝わってくる。

すべて同じ画家で、幸せ感のある作品が揃えられていることで、作品が醸し出す雰囲気に、統一感が生まれている。

どの作品も、燻した感じの金と、焦げ茶の2種類の額に変化をつけて飾られ、それらがクラシッククランプで照らされることで、マチスの作品が持つ独特のムードが、より引き立てられている。

下には、ペルシャ絨毯が敷かれている。

青く深みのある絨毯が、全体を引き締めると同時に引き立て、ク

SUR mes vingt ans, pur d'offense et de vice,
Tels sont d'Amour les jeux et l'exercice.

ラシックなサロンに、華やかで落ち着いた美しさを作り出している。

ここは、女将さんのきめ細やかで豊かな美意識によって、玄関は和洋折衷に、受付は風格を、ロビーは華やかに、レストランは品格を、という具合に、それぞれの用途に合わせて、アンティークの調度品を選び、クラシックな雰囲気を作り上げている。

ヴィラ・デル・ソルを訪れる人々は、女将さんが作り出す微妙に違うインテリアによって、滞在中、さまざまな味わいの、優雅で落ち着いた英国ヴィクトリア朝の気分に、浸ることが出来るのだ。

ヴィラ・デル・ソルの朝食

正面に見えるルネッサンス様式のバルコニーの先には、青い海が見え、右手の窓には、朝の光を浴びた緑の木立が見える。地中海を思わせるこの景色に、気持ちは和んでゆく。歴史あるレストラン「南葵文庫」での朝食が始まる。

まず初めに、手搾りのオレンジジュースが出た。オレンジその物を食べているような自然な甘さと酸味が、口の中で広がってゆく。

次は、サラダ。

ベビーリーフ、ミニトマト、アスパラガス、カブ、大根などが、白く大きなお皿に水々しく盛り付けられている。

「まず初めに、岩塩とブラックペッパーで、野菜本来の味をお楽しみください」とのことだった。

言われたとおりに食べてみると、本当に野菜の味がして、美味しかった。

契約農場で栽培している無農薬野菜ということで、その生命力や、一つ一つの野菜が持つ力強い味がしっかりと伝わり、その味を、塩とコショウが引き締めながら引き立てていた。

次に、オリーブオイルとレモンの搾り汁で作ったドレッシングを掛けていただく。

レモンの酸味とオリーブオイルの滑らかさが、野菜を包み込み、もう一つの美味しさを味わうことが出来た。

次に出て来たのは、クラムチャウダーだった。

さらりとした味わいの中に、アサリとベーコンの味が、塩味と共に口の中に広がってゆく。

そして上に載ったメレンゲのような泡が、クラムチャウダーの味を優しくまろやかにしていた。

次は、鎌倉ハムを湯どおししたものと、スクランブルエッグ。

湯どおしすることで、さっぱりした味になりながらも、ハムのしっとりとした深い味わいが伝わって来た。

生クリームの入ったスクランブルエッグは、黄身の色が鮮明で、口に入れた瞬間、微かにケーキのような風味がして、その滑らかさに気持ちまで優しくなってゆく。

パンに添えられた柚の手作りジャム。

柑橘の皮の渋みがまったく無く、爽やかで優しい酸味と、微かな甘さが口の中で広がり、体の中にスーッと入ってゆく。

その美味しさは、感動的だった。

最後は、マンゴーがのった手作りヨーグルト。

市販のものでは味わえない濃厚でマイルドな味だった。


このレストランは、南葵文庫時代、会議室であった所だ。

上を見ると、美しい装飾天井が広がっている。

そこに、蔦をあしらったシャンデリアが掛かり、3燈の、白いフリルのランプシェイドが付いていて、中心の金属部分には、徳川ゆかりの葵の彫刻が、施されている。

窓には、白いレースのカーテンが掛かり、テーブルクロスとシャンデリアのランプシェイドも、白で統一されているため、歴史を感じさせる建物の中に、柔らかでエレガントな雰囲気が漂っている。

その中で、石で出来た前飾りのある暖炉が、品格を放っている。

上に生けられた、青と白と紫の花菖蒲は、長方形のガラスの花器に垂直に立てて、モダンに生けられているため、和の花なのにこのレストランにみごとに調和している。

女将さんが生けたこの花によって、クラシックな空間に、水々しい透明感が生まれ、それは、外の海や緑の木々につながってゆく。

クラシックで、品格漂うレストラン南葵文庫。

この歴史ある建物の中で、女将さんによって作り上げられたインテリアを味わいながら、窓越しに海と緑の木々を眺め、ゆっくりとした時を過ごす。

そして、一つ一つ丁寧な説明と共に運んで来てくれる優雅な朝食をいただく。

その幸せを、このレストラン「南葵文庫」は与えてくれる。

ステンドグラスの紋章とレストランのお皿

ヴィラ・デル・ソルの門扉を開け、この洋館の前に立つと、玄関扉の上に、ステンドグラスが見える。

兜に付ける鍬形を、三つ合わせた、青と黄色のスタイリッシュな紋章デザインで、その下の部分は、リボンの左右がふわりと浮き、三等分された中にVILLA DEL SOLの文字が入った、立体的デザインになっている。

これら二つの図柄で構成されたステンドグラスが、玄関上欄間にはめ込まれているのだ。

このステンドグラスは、紀州徳川家16代当主頼貞の時に、作られた物である。

紀州徳川家は、第14代当主茂承の時に、明治維新を迎えたため、第15代頼倫からは、新しい時代へとしなやかに変化していった。

頼倫は、1896（明治29）年から2年間、イギリスケンブリッジ大学へ留学し、帰国後、この洋館、南葵文庫を作った。

その息子、頼貞は、やはりケンブリッジで学んだが、音楽を専攻したため、帰国後、1918（大正7）年、南葵楽堂を設立した。

頼貞の自伝風随筆『蒼庭楽話』によると音楽堂建設を決意したのはケンブリッジ大学に留学していたときのことで「せっかくイギリスまで来て音楽を勉強したのだから、帰朝の暁にはいまだ東京に一つもない純粋の音楽堂を建ててみたい」と考えたようである。

当時の日本において、最高にこだわりのある音楽堂を、作りたかったのだと思う。

しかし、１９２３（大正12）年、関東大震災で、音楽堂は倒壊し、修復は不可能になった。

それから10年後の昭和８年、父頼倫が建てた南葵文庫の旧館だけは、震災で被害がなかったため、別荘として大磯に移築し、この時名前をVILLA DEL SOL（太陽の館）に変えたのである。

そして海が見える南欧風ベランダを増築し、階段の天井と玄関上欄間に、当時の日本においては、とてもモダンでお洒落だったであろうと思われる、ステンドグラスを入れたのだ。

南葵楽堂を建てたときのように、最高にこだわりのある玄関にしたかったのだと思う。

このステンドグラスの図柄である、兜に付く鍬形の紋章には、武士の時代が終わってもなお残る、武士であった誇りが、表現されているように思われる。

その下の、VILLA DEL SOLの文字が入った、風に揺れるリボンの図柄には、新しく訪れる西洋文明への憧れや夢が、表現されているように思う。

この図柄には、頼貞の古き時代への郷愁と共に、新しい時代への憧憬も、内包されているように思えるのである。

ここは、オーベルジュなので、ディナーの時、テーブルに着くと、女将さんによって作られた玄関のステンドグラスと同じ図柄のお皿が、セッティングされる。

兜の紋章と、風にそよぐリボンに書かれたVILLA DEL SOLの文字。

これが絵付けされたお皿を見ていると、明治維新による時代の大きな流れの中で、15代頼倫によって、この南葵文庫が建てられ、やがて息子頼貞が、これを大磯に移築し、名前をヴィラ・デル・ソルと変えた時の、新しい時代に向かおうとしながらも、紀州徳川家の武士であったという誇りの気持ちが、垣間見れたような気がして、このオーベルジュでの滞在は、より心に残るものになる。

東洋と西洋の文化への深い理解

私が初めて旧蓬莱を訪れた時、心の深い所で求めていた、日本的美意識に巡り合えた喜びがあった。
それは、感覚に清らかな水が染みてくるような簡潔な空気感と、心の琴線を揺らすしつらえにあった。

数寄屋造りは、茶の湯の流行と共に生まれた、茶室風建築様式だ。装飾を排し、簡素な緊張感を生み出し、その中で内面を見つめてゆこうとする茶人の精神を、反映するものである。

それまでの絢爛豪華な建築とは違い、自然と一体になった洗練された簡潔さが、尊重された。

この宿は、数寄屋造りに溶け込む、質感の心地良い調度品を最少限置き、簡素で澄み切った緊張感が生まれた所に、自然そのものを感じさせる生け花や、掛け軸などのしつらえを、的を射て施している。

その簡潔な美しさの中で、感覚は研ぎ澄まされ、自然とひとつになってゆくような安らぎや、内面の気づきをもたらしてくれる。

そのような日本的美意識を感じさせてくれる宿であった。

ヴィラ・デル・ソルも、やはり私が初めてここを訪れ、サロンに入った時、心の深い所で求めていた英国ヴィクトリア調のインテリアに巡り合えた喜びがあった。

それは、優雅で落ち着きのあるアンティーク調度品の選び方と、ヨーロッパ伝統色の、シックで洗練された使い方にあった。

この洋館は、明治32年に建ったものである。

この時代は、英国ヴィクトリア朝、後期になる。

ヴィクトリア調は、産業革命による経済の繁栄によって、それまで貴族の贅沢品であった、豪華で装飾的な調度品は、一般市民の物にもなっていった時代の様式である。

後期になると、落ち着きと実用性を愛する国民性により、優雅さの中に、シックな色調と上品な落ち着きが入り、実用的で洗練されたものになっていったのである。

この洋館には、ヴィクトリア朝、後期の物で、上品なスタイリングのソファーや、背もたれの透かし彫りが、優雅で落ち着きのある椅子などのアンティークが、置いてある。

　そしてその張り生地であるパールグリーンや、花柄のピンク色の配分にも気を使い、シックな中にも華やかさのある魅力的な色彩作りをしている。

　壁にはマチスのリトグラフを飾り、額、ランプ、カーテンなどのクラシックなテイストにも気を配り、優雅で落ち着きのある雰囲気を生み出している。

　このように、ここは、シックな色合いと、上品で落ち着きのある調度品によって、優雅で洗練されたヴィクトリア朝、後期の雰囲気を味わわせてくれる。

　そのようなサロンである。

数寄屋造りは、建築様式としての日本文化であり、ヴィクトリア調も、生活、美術、建築様式としてのイギリス文化である。

女将さんには、これらの文化を知識として理解するだけでなく、感覚的な深い理解と、卓越した感性の幅があるからこそ、二つの全く違う空間を、作り上げることが出来たのだと思う。

この東洋と西洋の相反する文化への深い理解と、幅のある美意識で作り上げられた、もてなしの気持ちの結晶とも言える、文化的空間を味わわせてくれた女将さんに、心からありがとうと言いたいのだ。

あとがき

私がこの本で伝えたかったのは、次の四点です。

一、女将さんの卓越した美意識によって、外の大自然が引き立ち、より感動的なものに感じられた事。

二、和の風情溢れる中にモダンさを散りばめて、新鮮な感動を与えてくれた事。

三、結界とも言える凛とした空気が漂う玄関、そして館内。その緊張感故にたどり着く、深い寛ぎを味わわせてくれた事。

四、和と洋の感性で、相反する二つの世界を味わわせてくれた事。

これらは、私が初めてこの宿を訪れた時から心の琴線を揺らし、深い喜びで満たしてくれました。

訪れる度に、この感動は少しずつ大きくなり、この気持ちを文章にしたいという気持ちが、芽ばえて来ました。

月日が流れたある日、女将さんとお話をしている時、ふと、女将さんが与えてくれた宿での感動を、書きたいという気持ちが込み上げて来ました。

同時に、書かなければいけないという、見えない力に押されているような感覚が、私の心の深い所から呼び起こされ、思わず「書きます」と言ってしまいました。

すると女将さんは、私がどのような文をどのような形で書くのか分からないのに、快く「書いてちょうだい」と言ってくれました。

この時からこの本作りは始まりました。

女将さんの思いに応えたい気持ちと、込み上げる書きたい思いが一つになって、この本は出来上がりました。


時代の流れと共に宿の形態は変わってゆくと思います。

それをふまえた上で、読んでくれた方が、日本の古くから続く様式や文化が生み出す心地良い緊張感の中で、真の安らぎにたどり着く宿があったことを知り、その素晴らしさを再認識してくれるならば、嬉しく思います。

また、ここを訪れたことのある方にとっては、この宿での思い出がよみがえり、当時の感動が唯一無二のものとして、心に残ってゆくのであれば幸いです。

最後になりましたが、書きたいと心から思う対象に出会えたことと、その思いに対して、すべてを託してくれた女将さんの気持ちに、感謝申し上げます。

筆者

参考文献

○坪田茉莉子『南葵文庫　目学問・耳学問』（郁朋社　２００１年）
○田中純『ミース・ファン・デル・ローエの戦場』（彰国社　２０００年）
○石井宏子『婦人画報』（婦人画報社　２０１３年７月号）

引用文献

○坪田茉莉子『南葵文庫　目学問・耳学問』（郁朋社　２００１年　39頁、94頁）

重松　恵里子（しげまつ　えりこ）

1957年生まれ。福岡県出身。フラワーデザイナー。フラワーアレンジメントのデザイン構成を教えると共に、イギリスのアンティークショップ「ENGLISHS ERI」を経営。母が生け花の先生、叔母がフラワーデザインの先生であるため、幼い頃より和と洋の文化に興味を持つ。祖母が平安時代から続く神職を司る家系であったため、神聖な大自然に対して造詣を深める。現在は、豊かな感性を通して受け取る感動を、読み手に伝わりやすい言葉で、組み立てることを楽しんで執筆している。

女将さんありがとう
旧伊豆山蓬莱おかみさんへのラブレター

2017年4月17日　初版発行

著　者　重松恵里子
発行者　中 田 典 昭
発行所　東京図書出版
発売元　株式会社 リフレ出版
〒113-0021　東京都文京区本駒込 3-10-4
電話（03）3823-9171　FAX 0120-41-8080
印　刷　株式会社 ブレイン

ISBN978-4-86641-036-4 C0095
Printed in Japan 2017
落丁・乱丁はお取替えいたします。

ご意見、ご感想をお寄せ下さい。

［宛先］〒113-0021　東京都文京区本駒込 3-10-4
東京図書出版